Malen, kritzeln, kreativ sein!
Blumen, Feen und andere Motive

Gestaltung und Illustrationen:

Erica Harrison, Emily Beevers, Non Figg,
Jan McCafferty, Jessica Taunton
und Hannah Davies

Text: Lucy Bowman

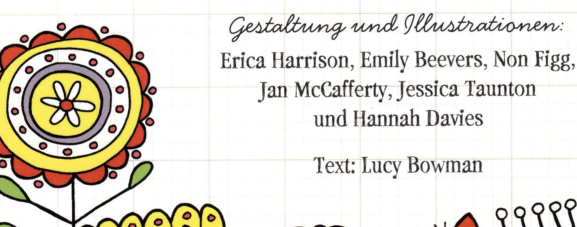

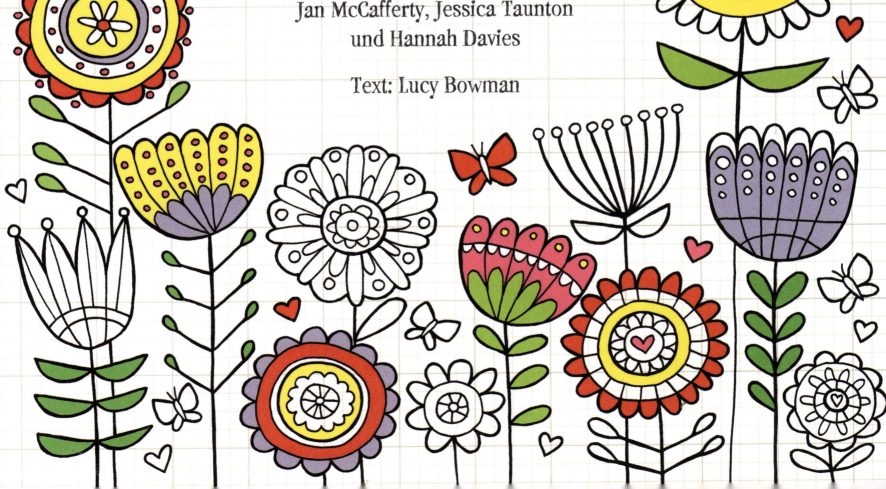

Über dieses Buch

In diesem Buch kannst du deiner Kreativität freien Lauf lassen, auf manchen Seiten findest du aber auch Tipps und Hinweise.

Die Bilder kannst du mit Filz-, Bunt- oder Wachsmalstiften ausmalen.

Die Fische kannst du großflächig ausmalen oder mit deinen eigenen Mustern verzieren.

Warte ein paar Sekunden, bevor du etwas übermalst, damit die Farbe trocknen kann und nichts verwischt.

Male Gesichter und Muster auf die Eulen.

Fülle diese Seiten mit
Sternschnuppen.

Male die Häuserreihen fertig.

Zeichne auch Türen, Fenster und Verzierungen. Wer hier wohl wohnt?

Ergänze noch mehr Raupen und saftige Blätter.

Mjam, mjam, mjam ...

Wie viele verschiedene grüne
und gelbe Stifte hast du?
Verwende sie, um den
Wald auszumalen.

Wo sind die anderen Hunde?

Gib ihnen Knochen und Spielzeug.

Fülle die Seiten mit ganz vielen Kreisen.

Male weitere Blumen.

Lass auch ein paar
Käfer umherfliegen.

Bsssss

Heute scheint die Sonne. Ein guter Tag, um draußen Wäsche aufzuhängen.

Hier hängen einzelne Socken.

Sorgst du dafür, dass es wieder Paare werden?

Wähle Farben.

Entwirf
Muster.

Werde
Schuhdesignerin!

Male die Outfits
mit deinen
Filzstiften aus.

Rot, Lila, Grün,
Orange, Gelb, Pink –
du entscheidest!

Blonde oder
braune Haare?

Zeichne noch mehr springende Pferde.

Diese süßen Leckereien
wurden gerade erst
gebacken und dekoriert.

Fülle die Seiten mit
Törtchen und Keksen.

Male die Seepferdchen und
die Wasserpflanzen aus.

Gib ihnen
hübsche
Muster.

Baue die Roboter weiter.

Male ihnen Knöpfe, Bild-
schirme, Lichter und Räder.

Male noch mehr bunt verzierte Eier und Hennen.

Gestalte auch die weißen Eier.

Fülle die Seiten mit Superheldinnen.

Wuschhh!

Leckere
Erdbeeren

Schokoladenglasur

Fröhliche Gesichter

Diese Masken müssen noch
mit filigranen Mustern
dekoriert werden.

Zeichne weitere Äste.

Male noch mehr Vögel.

Ergänze auch die Blüten.

Male den Tieren verschiedene Gesichter.

Zeichne noch mehr Meerjungfrauen ...

... und Luftblasen, die im Wasser aufsteigen.

Fülle diese Seite mit Schuhen ...

... und diese Seite mit Taschen.

Male verschiedene
Muster auf die
Sonnenblumen.

Gib uns Streifen,
Flecken, Glöckchen
oder Schleifen ...

Fülle diese Seite mit Zickzackmustern.

Zeichne noch mehr bunte Pilze.

Male weitere Blumen und schwirrende Bienen.

Male den Delfinen schöne Muster. Sollen die Möwen auch welche bekommen?

Zeichne auch viele kleine Fische.

Male Muster in die Wellen.

Entwirf Muster für die Kleider.

Male auch noch
mehr Rosen.

Male die Diademe weiter und füge noch mehr hinzu.

Dekoriere die Herzen.

Stieleis oder Waffeleis?
Egal, Hauptsache
schön dekoriert!

Fülle diese Seiten mit gemusterten Käfern.

Zeichne Muster auf die Kleider der Flamencotänzerinnen.

Male ihnen Blumen und Rüschenschmuck ins Haar.

Manchen Schneckenhäusern fehlt eine Schnecke ...

... und manchen Schnecken fehlt ein Haus.

Male noch mehr kunterbunte Formen.

Rosen, überall Rosen ... Male noch mehr hinzu.

Die Prinzessin und der Prinz hätten gern ein größeres Schloss.
Hilf ihnen und male weitere Mauern und Türme.

Gestalte auch die Fahnen.

Kannst du das Teeservice
weiter bemalen?

Verteile noch mehr Herzen auf den Seiten.

Male Muster in kräftigen Farben auf die Fische.

Gestalte die
Geschenke.

Zeichne noch mehr fliegende Feen.

Male sie in allen Farben des Regenbogens aus.

Male weitere Regenbögen, Wolken und Sterne auf die Seiten.

Zeichne ganz viele schwarze Fische ins Meer ...

... und male Korallen und Algen dazu.

Male die Häuser aus
und zeichne fehlende
Details hinzu.

Wer wohnt darin?

Male die Hals-
ketten weiter.

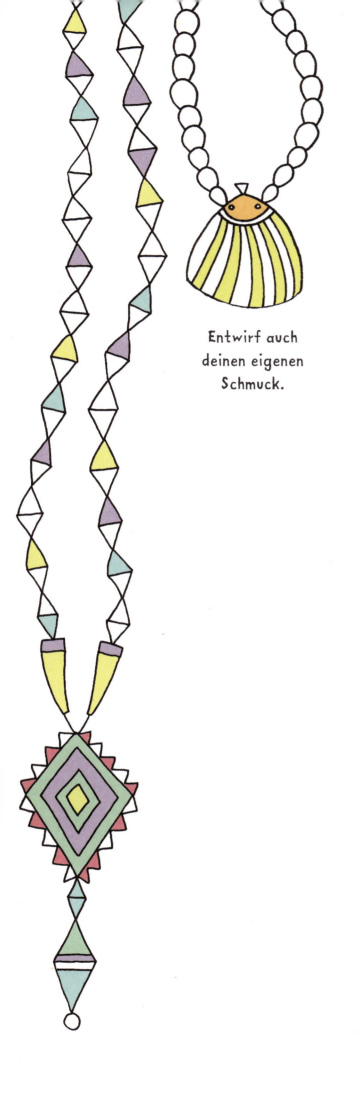

Entwirf auch
deinen eigenen
Schmuck.

Zeichne filigrane Muster auf
die Röcke der Tänzerinnen.

Schmücke ihre Haare mit
Schleifen, Bändern und Blumen.

Zeichne noch mehr flatternde Schmetterlinge.

Male Muster auf diese fantastischen Flamingos.

Wer sagt, dass sie alle pink sein müssen?

Kritzele noch mehr Buntstiftspuren auf die Seiten.

Fülle die leeren Vasen mit Blumen ...

... und dekoriere sie.

Male weitere Frösche ...

... und Seerosenblätter, auf die sie hüpfen können.

Fülle die Regale mit hübschen Parfümflakons ...
oder mit anderen Dingen.

Male Blumen, Blumen und noch mehr Blumen.

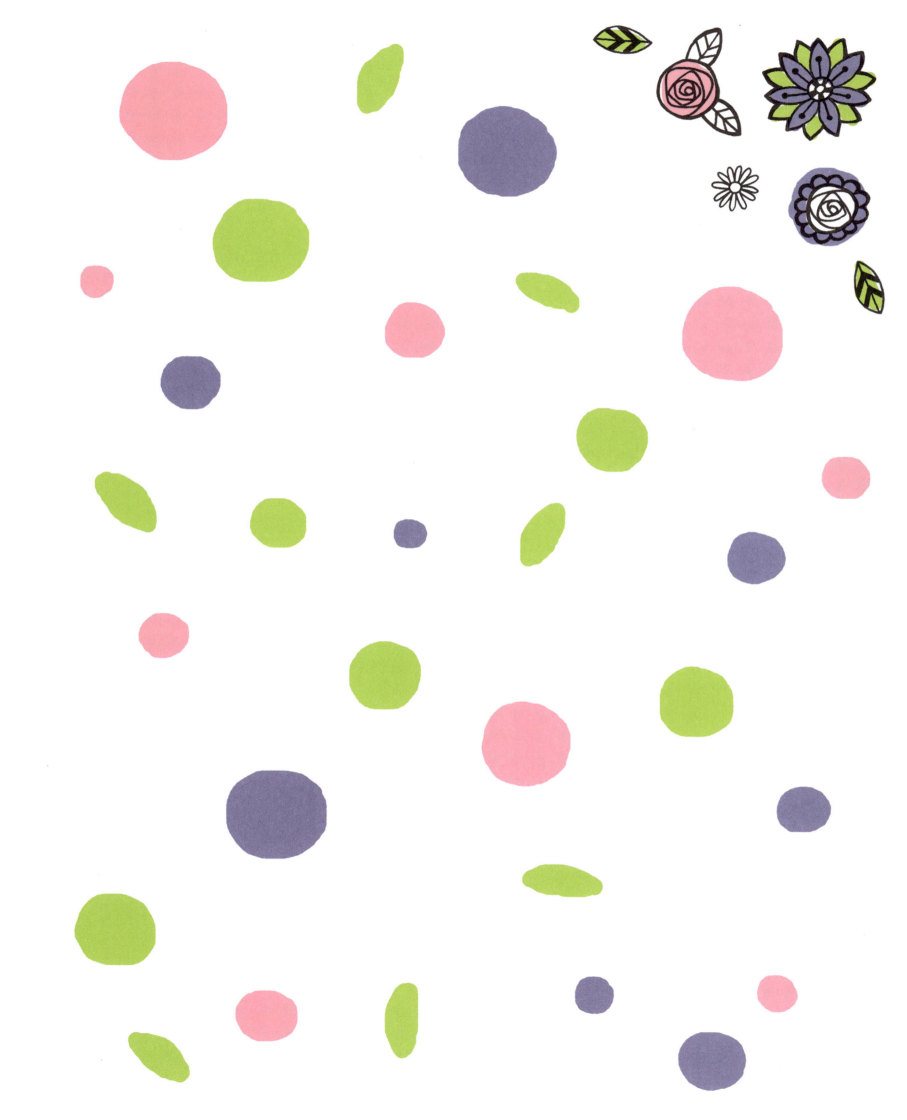

Zeichne weitere Hasen ...

Blumen ...

... und knackige Karotten.

Zeichne Käfige für
die Singvögel.

Übersetzung aus dem Englischen: Ulrike Bonk
Redaktion der deutschen Ausgabe: Julia Hanauer
1. Auflage 2017 © 2017 für die deutsche Ausgabe: Usborne Publishing Ltd.,
83-85 Saffron Hill, London EC1N 8RT, Großbritannien. Titel der Originalausgabe:
Drawing, doodling and colouring animals, flowers, patterns and other things
© 2012 Usborne Publishing Ltd., London. Der Name Usborne und die Symbole
sind eingetragene Markenzeichen von Usborne Publishing Ltd. Alle Rechte vorbehalten.